Villa I Tatti Series; 37

I Tatti – The Harvard University Center
for Italian Renaissance Studies
Via di Vincigliata, 26
50135 Florence – Italy
itatti.harvard.edu

Project coordinator: Mary Doyno
Published and distributed in Italy by

OFFICINA
LIBRARIA

Officina Libraria
via Moncenisio, 6b
00141 Rome – Italy
officinalibraria.net

Publisher and project coordinator: Marco Jellinek
Art director and layout: Paola Gallerani
Copyediting: Sandra Creaser, Marta Maerni
Color separation: Giorgio Canesin
Printed and bound by Sincronia in Printing, Legnano (Milano)

Publication of this volume has been made possible by
The Myron and Sheila Gilmore Publication Fund at I Tatti
The Robert Lehman Endowment Fund
The Jean-François Malle Scholarly Programs and Publications Fund
The Andrew W. Mellon Foundation Fund for Scholarly Programs and Publications
The Barbara and Craig Smyth Fund for Scholarly Programs and Publications
The Lila Wallace-Reader's Digest Endowment Fund
The Malcolm Wiener Fund for Scholarly Programs and Publications

Worldwide distribution by Harvard University Press

Italian distribution by Officina Libraria

ISBN 978-06-7430-638-7 (Harvard University Press)
ISBN 978-88-3367-371-4 (Officina Libraria)

Gini Alhadeff

EX-VOTO for I TATTI
"Caught by Uneasiness During a Serenade"

EX VOTO per I TATTI
«Preso da malore durante una serenata»

I TATTI

Preface

I have always written in both English and Italian. But this is the first time that I have approached the same subject in both languages. Neither is a translation of the other. The two texts are quite different in tone. And, to a degree, in subject matter. The English is more factual. The Italian has in it both a tragic note and a comical one. The English travels on a more even keel. This may have less to do with the demands and idiosyncrasies of the languages themselves than with my own—the residues of a life lived in one language or the other. The resulting texts have taken me by surprise, in themselves and because I assumed all through writing them, first in Italian, then when that was practically done, in English, that I would choose one over the other, and more or less kill one, thinking its purpose would have been achieved. The Italian was the one that would be "killed." (In English, "to kill" is the verb used when the decision is made not to "run" a text, not to print it, that is.) As I continued to edit both pieces, I began to see that they were in some subterranean way complementary. The explanation for their joint existence seems to me clear. It is, and they are, therapeutic texts, as in the writing of them, a profound experience of grief came dancing out in the most unexpected way. Italian was a language I spoke every day, all day long, till recently with one person, now gone.

The day I first walked into the Berenson Library at I Tatti—it was, I believe, the 3rd of September, 2024—I chose to sit at the first table on entering—a table overlooking the glass door to the garden. I could not see the garden, but it was there—I could sense its presence and what the light was doing to it at different times of the day. All the tables at the library are set into three walls of bookcases, from the floor to where the vaults begin. A high white ceiling floats above one's head so that thoughts can fly up, wander, and at times return fully formed as they land on paper. Or they may come down from that vaulted ceiling in the guise of inspiration. All around the three sides of this "room" with one of its walls missing, or made up of the rest of the world—with the discreet entering and leaving of other inhabitants of the library—are five rows of bookshelves filled with art historical books.

The first one I timidly chose at random from one of the shelves behind my chair was *L'architettura di un interno. Lo studiolo* by Ombretta Iardino. Funnily enough, what I had unwittingly come to inhabit was precisely a "*studiolo*," a place, limited in size, furnished with a desk, shelves, a place to sit, that one could retire to in order to think, and perhaps to write. In this extraordinary book there are images of thoughtful men and some women, but not many given that most images are of the 1500s, wedged into a sort of ideal position from which one cannot move too easily—a desk under which to place one's legs, shelves all around, many books—and nothing to do but bend one's head, possibly under a bonnet, lean one's chin on a hand attached to an arm whose elbow rests on a desk. An ideal position from which to think. From which to *try* to think, which is the same as thinking, though harder. At such a desk, the Madonna is seen to kneel when the Angel appears to her at the Annunciation [p. 36]. So she was somehow preparing, studying for something to happen (fig. 1), which is what any of us do when we sit at a desk. Endless holy men are seen, with halos and miters, quill in hand, filling massive books with lines of writing, or long paper scrolls flowing down from desk to floor in an undulating line. The spaces they occupy are as confined as mine, and always there are only three sides, as otherwise how would you "see" in the representations what is happening inside, or who is there. I, too, am visible to those who come and go—not many, as they do so quietly. That I can be seen helps me work, keeps me at my task. And keeps me company, though without interference. In the woodcuts, drawings, and prints, the writers and thinkers are equipped with candles. I have an electric lamp that I turn on when I sit

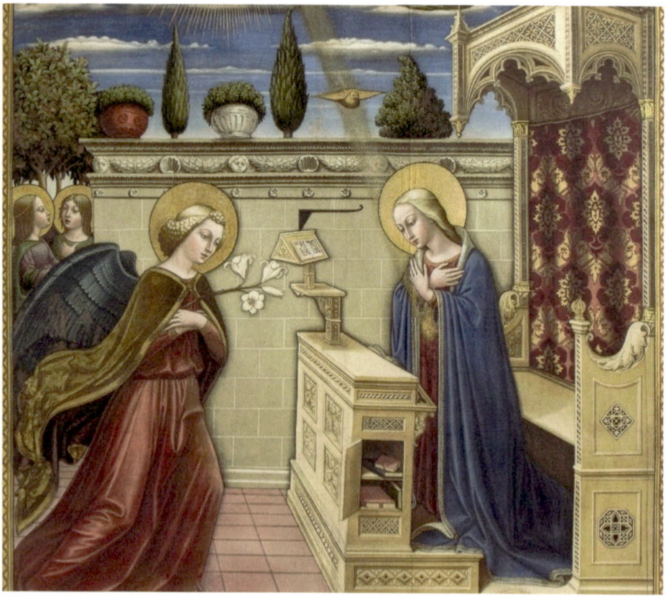

1. Nicolò di Liberatore, *Annunciation with Angels and Patrons* (*gonfalone* of the Annunciation), 1466. Perugia, Galleria Nazionale

---

1. Nicolò di Liberatore, *Annunciazione con angeli e committenti* (gonfalone dell'Annunziata), 1466.
Perugia, Galleria Nazionale dell'Umbria, particolare

at my desk. Its gently bent lampshade mirrors my bent head. I imagine in the winter months that those *studiolos* could get rather cold, so that one would have had to get up and move around from time to time. Here at the library, the temperature is ideal, and my chair is such that one can sit happily for hours.

Those were the fortunate conditions that made the twin texts possible. The other precipitating condition was far less fortunate in nature, and a shock, though it gradually left in its wake a state of mind fertile enough to inspire these texts.

Gini Alhadeff
Berenson Library

Friday, October 25, 2024

EX VOTO per I TATTI
«Preso da malore durante una serenata»

EX-VOTO for I TATTI

“Caught by Uneasiness During a Serenade”

«Preso da malore durante una serenata», o la storia che finisce bene

Biblioteca Berenson, I Tatti, 25 ottobre, 2024

Uno

Sono in biblioteca. Prendo a caso un libro dallo scaffale dietro di me. È un libro sugli ex voto. In uno di questi si legge: *La Madonna salva una coppia di sposi il cui carro viene capovolto.* Siamo noi quegli sposi. La Madonna sta in alto a sinistra, circondata da una specie di ghirlanda di nuvolette. Ha una bella corona e anche il bimbo che tiene in grembo ne ha una. Sono caschi dorati con in cima una croce. La coppia che dovrebbe rappresentare noi ci assomiglia. Lui porta un abito grigio, ma questo è un errore perché tu il grigio non lo portavi mai; la giacca inoltre è a doppio petto, e anche questo non è da te. Ma i capelli li ha neri e lisci come i tuoi, e la faccia potrebbe benissimo essere la tua. Vedo il tuo viso in quei pochi tratti. C'è gentilezza: è lì la somiglianza. Il povero cavallo è sdraiato zampe all'aria in fondo alla rappresentazione. È come se ancora fosse vivo e tirasse il carretto, solo che è capovolto e noi due non siamo più nella carretta che lui tira ma in piedi in alto a destra, e tutti e due guardiamo la Madonna col bambino e abbiamo l'aria grata per il fatto di essere ancora vivi, ancora insieme. Anch'io mi assomiglio, con quella gonna lunga e voluminosa, il naso lungo, e pazienza per gli occhi distanti che io non ho. In mezzo a noi un alberello. Forse l'hai piantato tu? Io ho le mani giunte. Ringrazio la Madonna. Tu la guardi solo, ma l'espressione è un po' stupita, un po' calma. Le gambe della Madonna spariscono dentro a una nuvola scura che avvolge lei e l'infante e lo zoccolo del cavallo capovolto (fig. 2). Forse questo ex voto ci aiuta a non cadere dal carro capovolto. Resta da vedere se noi saremo salvati dalla Madonna oppure no, se lei ci rimetterà in piedi per il verso giusto o no. Prego. Anzi, non prego perché non serve. Tanto *loro* sanno già quel che voglio.

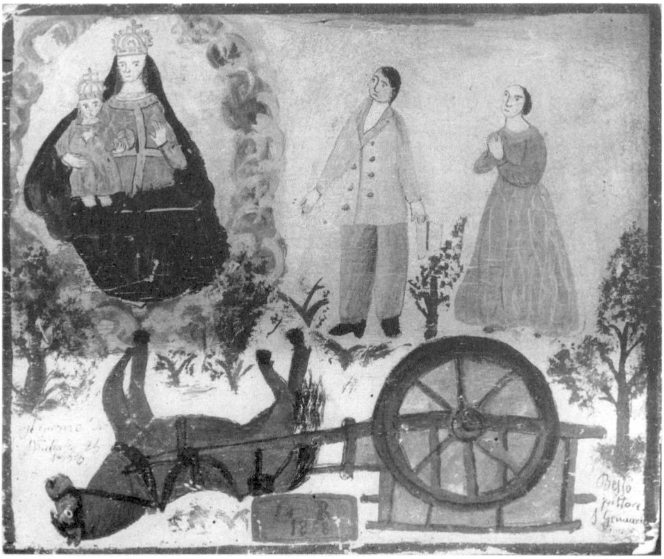

2. *The Madonna saves a married couple whose cart has turned over*, Northern Italy, 1868

---

2. *La Madonna salva una coppia di sposi il cui carro si è ribaltato*, Italia settentrionale, 1868

E se invece tu fossi caduto per le scale?

La Madonna avrebbe potuto salvare l'uomo che cade dalle scale: altro ex voto. Lui ha le braccia alzate. È vestito in giacca e pantaloni neri. Pare faccia una mossa di ballo perché una gamba è leggermente piegata e sembra dare un piccolo calcio all'indietro. Invece, poverino, sta per battere la testa, e morire. Ma lui non lo sa, e neanche chi lo disegna lo sa. Da una parte il muretto che separa una scala dall'altra è molto chiaro, quasi bianco, così l'abito nero spicca ancora di più. I capelli, proprio come i tuoi, sono ritti in testa perché sei a testa in giù. Hai una bella camicia abbottonata, come la portavi sempre tu. Quello che cade non ha la cravatta. Qui non ci siamo: tu avresti avuto la cravatta, specialmente se questa fosse stata l'ultima volta che comparivi in pubblico. Ma d'estate la cravatta non c'era. Solo la maglietta che hanno tagliato a metà. Non tagliato ma strappato. Come quella polo che ho regalato a tuo fratello un anno fa e che lui ha tagliato a metà. Forse la sua era una premonizione della maglietta strappata. Quel bel torace forte che non avrei più rivisto. Le mani già non erano più le tue. Non si muovevano. Avevano perso il colore. E il calore anche. Ma parliamo d'altro. Passiamo a un altro ex voto. Fuori stanno facendo dei lavori, con una macchinetta che ringhia. Tagliano i rami agli ulivi. Poveretti, quei rami. Ma prima vorrei aggiungere, rispetto all'ex voto dell'uomo che cade per le scale, che la Madonna qui ha gambe forti, divaricate, e pare porti pantaloni alla zuava. Il bambino sta su uno dei suoi ginocchi – un ginocchio comodo, arrotondato, non uno di quelli secchi e spigolosi. E i piedi di lei poi poggiano comodamente su un pouf. Ci dev'essere una ragione tecnica all'origine della parola «pouf»: si chiama così perché quando ci si siede su uno di quei sedili paffuti e pieni, si presume, di piume, il rumore che si sente è «pouf!». Qua non c'è niente da ridere eppure mi viene da ridere. Scopro di non essere più io, quella 'io' lì che se ne è andata con te. Cioè quando te ne sei andato tu. Il problema certo è che non so più chi sono ma so che dovrebbe essere permesso a chiunque stia al fianco di qualcuno che muore di andarsene senza discussioni, invece di essere obbligato a restare. Andarsene subito. Pare ovvio. Senza obbligo, naturalmente.

Avanti un altro ex voto. Ma prima si racconta che una certa Zelinda, sarta, è precipitata al piano sottostante per il crollo di un pavimento, e si è salvata. Che una certa Felicetta, rapita da uno stagnaro, è riuscita a sfuggire, la sua virtù intatta. Che il contadino Paolo è sopravvissuto a un calcio sferrato dal suo mulo. Tutti miracoli. Nel polittico di Sant'Antonio a Perugia, Piero della Francesca mostra un fanciullo caduto in un pozzo che viene salvato da sant'Antonio. La madre, con i capelli sciolti sulle spalle e la riga in mezzo, sta in piedi dietro al bambino ancora sdraiato e ben coperto da una copertina rossa. Lei tende una mano come per dire: "Fai qualcosa!". Sant'Antonio sta inginocchiato a mani giunte e volge il viso verso l'alto. Dov'era sant'Antonio quel giorno? Io ci credevo veramente che qualcuno sarebbe arrivato a far andare di nuovo bene ciò che stava andando orribilmente. Fra noi mai nulla era andato orribilmente. Era regno incantato. Così avrebbe benissimo potuto comparire il Cristo in croce o chi per lui quel giorno d'agosto, come fece quando un giovane volò giù da una finestra. Pareva nuotasse per aria in quell'immagine. Tu nuotavi sulla ghiaia di quella casa dove ora non voglio più stare. Ma il Cristo è rimasto sulla sua croce. E io con lui.

In un altro ex voto un santo monaco aiuta una "donna devota", fra virgolette, a salvare un giovane precipitato in un fiume. Il giovane porta dei pantaloncini gonfi intorno alle cosce. Si vedono solo le gambe, e i piedi con le scarpe che escono in diagonale dall'acqua. La donna devota regge la metà sporgente del giovane con due mani avvolte intorno a una delle sue gambe, che sembrano crescere dal bulbo di una cipolla. Circondato da una grande nuvola di un nero profondo, come un salvagente a ciambella, il santo monaco, che indossa voluminose vesti, nere anche quelle, e un berretto, sempre nero, le tende una mano e così facendo l'aiuta a tirar fuori dal fiume il resto del corpo. È un'immagine che mi piace molto. Da una parte c'è un pezzo di muro, scarabocchiato in nero, con due finestrelle quadrate un po' storte disegnate all'interno. La donna, tutta china verso le gambe dell'uomo inghiottito per metà, è protesa pericolosamente in avanti sulla riva del fiume, come un ponticello fatto di carne e ossa. Ancora un po' e ci cade dentro anche lei. Meno male che c'è il santo monaco e la storia finisce bene (fig. 8).

Ma dov'erano i santi Pietro e Paolo martedì scorso qui nella mia casa adottiva? Si trattava di salvare una donna in punto di morte. Quasi morta. Più morta che viva. Solo che finché si è vivi nessuno prende la cosa sul serio. Pietro e Paolo non sono arrivati. Avevano altri miracoli. Intanto io nel seguente ex voto ho accanto un signore con una bella parrucca nera a boccoli. È vestito di nero e sta seduto pacatamente su una sedia. È un prete pronto a spedirmi nell'aldilà. Dall'altra parte c'è una donnetta tutta marrone, e con l'aria piuttosto preoccupata. Ma nemmeno lei c'era martedì scorso. La camera da letto aveva soffitti alti, le lenzuola erano bianche (anche le mie), il copriletto marrone (il mio era verdino), e la poverina indossava una cuffia marrone sui capelli neri (bene per i capelli neri, ma la cuffia non l'avevo). In alto a sinistra, circondati dalla solita ghirlanda di nuvolette – queste sono nere e tempestose –, c'è un gruppetto di santi personaggi nessuno dei quali si è degnato di scendere a soccorrere la poverina nel letto. Avevano già chiamato il prete. Si erano tutti rassegnati. Anche lei si era rassegnata. Forse per quello nessuno si mosse.

La prossima è buffa perché c'è una madre inclinata in diagonale come la torre di Pisa, che sorregge il figlioletto, anche lui in diagonale, da sotto le ascelle. Lui è il ragazzino paralizzato guarito da san Gottardo e dalla Madonna. La Madonna è separata dalla rappresentazione per mezzo di una collana di nuvole. E come sempre è sospesa nel vuoto, con il bambino da una parte e, in questo caso, con san Gottardo dall'altra (fig. 3). San Gottardo era un vescovo benedettino che "riuscì

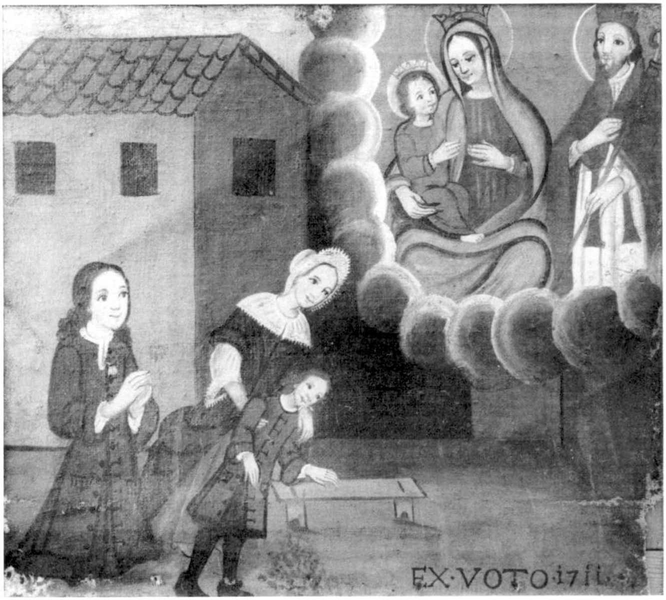

3. *The Madonna and St. Godard cure a paralyzed child,*
Northern Italy, 1711

3. *La Madonna e san Gottardo guariscono un bambino paralizzato,*
Italia settentrionale, 1711

a resuscitare alcuni morti", si dice, "per poterli confessare dei loro peccati e quindi permettere loro di morire in pace col Signore". Così ai poveretti toccò morire due volte.

Se tu fossi stato muratore saresti potuto cadere dall'alto di un paranco – una fune alla quale è attaccato un gancio –, ma ci sarebbero stati san Francesco e la Madonna, con l'immancabile bambino mezzo nudo, poverino, là all'aperto, a interrompere la tua spericolata discesa a gambe all'aria, testa in giù, un braccio alzato, uno diretto al suolo, i capelli dritti all'ingiù; e guarda caso, eri vestito di tutto punto, con un bell'abito scuro e camicia bianca. Eri vestito per morire e invece niente: da una parte è comparso san Francesco, col suo bel saio marrone, e ai piedi un gran fulgore di nuvole, sacro motore che riesce a invertire la tua caduta; e alla tua sinistra, che osserva placida la tua acrobatica caduta all'indietro, la Madonna col bambino (fig. 9). La cosa interessante è che loro, la Madonna e il santo, se c'è un santo, non impediscono il pericolo, e neanche l'incidente. L'incidente deve avvenire, sempre, se no che miracolo sarebbe? L'intervento deve interrompere l'azione *in medias res*. Non ci sarebbe se no bisogno dell'ex voto per rendere omaggio alla grazia ricevuta.

Si vedono sei piani nella raffigurazione alquanto tecnica che segue. Tu voli sospeso fra il quinto e il sesto. La Madonna sta al sesto. San Francesco, mosso da una potente nuvola con scappamento frontale di potente nuvola, al quinto. Nel mezzo, c'è una curiosa gabbia con in cima un gancio. Tu eri lì dentro. Si deve essere lacerata la fune, la gabbia si è staccata, ed è crollata. Tu sei rimasto sospeso a mezz'aria. Tre omini disperati sono distribuiti fra i piani. Uno sta in basso, lo si vede di schiena, alza le braccia a V, e si vede il profilo del suo dorso e delle sue gambe. Il secondo, anche lui con braccia a V e testa inclinata a destra (la sua sinistra), ha l'aria più disperata. È già rassegnato alla tragedia. Il terzo, volto verso di noi, sembra fare una specie di inchino, anche lui vestito di nero e di tutto punto. Il 18 agosto 2023 non c'era né la Madonna né san Francesco a interrompere l'azione.

Forse ci sarebbe voluta una Madonna più grande, più vicina, come quella nell'ex voto *La Madonna che salva Pietro Golzio, ferito nella battaglia di Peschiera*. Il povero soldato in divisa è precipitato a terra come un aereo che si schianta, con le braccia stese proprio come le ali di un velivolo. Si potrebbe dire che fosse già morto quando è arrivata la Madonna sulla nuvola che pare di panna montata. E Pietro ce l'ha fatta.

Si è salvato persino il poveretto disarcionato dalla sella di un cavallo imbizzarrito. In realtà è un cavallino giocattolo, grande quanto l'uomo. Arriva san Giorgio in armatura e cappello a triangolo con in cima una fiamma, e in mano bandiera rossa con croce bianca. La Madonnina, che tiene le braccia tese verso l'alto come stesse per esibirsi in un tuffo, qui ha un aspetto decisamente folclorico, con collana di medagliette dorate, e cencio nero sul capo. Il fondo a tempera blu sembra scarabocchiato da un bambino. Il tutto avviene in un vuoto architettonico. In cima un'insegna gialla recita: "GR 1884." Cosa vorrà dire?

In un altro ex voto san Giorgio sopraggiunge a salvare un'intera famiglia calpestata da un cavallo impazzito. Si salvano tutti: mamma, papà, e persino il figlioletto. La madre rimane aggrappata alla culla, intanto, e tutti e due volano. Quanto al babbo sembra aver afferrato per un orecchio il cavallo che vola a zampe all'insù. Più guardo più mi stupisco. Dov'erano tutti quei santi quel santo giorno? Persino un uomo attaccato da un bue viene salvato: ecco lì, discreta, in un angolino un po' in alto, la Madonna sospesa sulla sua ghirlanda di nuvole. Si salva anche il giovane che cade dalla finestra di una torre. È intervenuto addirittura il Cristo in croce (fig. 4).

Due

Trovo un sant'Agostino che ti assomiglia (pare sia stato eseguito in soli tre giorni). Ha la bocca piccola. I capelli rimasti dopo la tonsura sono proprio come i tuoi: lisci, folti, scuri. Ha una bella aureola marrone, colore del saio di san Francesco. Probabilmente l'avevi anche tu. O te la stavano preparando. Perché no? Così la penso io. Il volto e

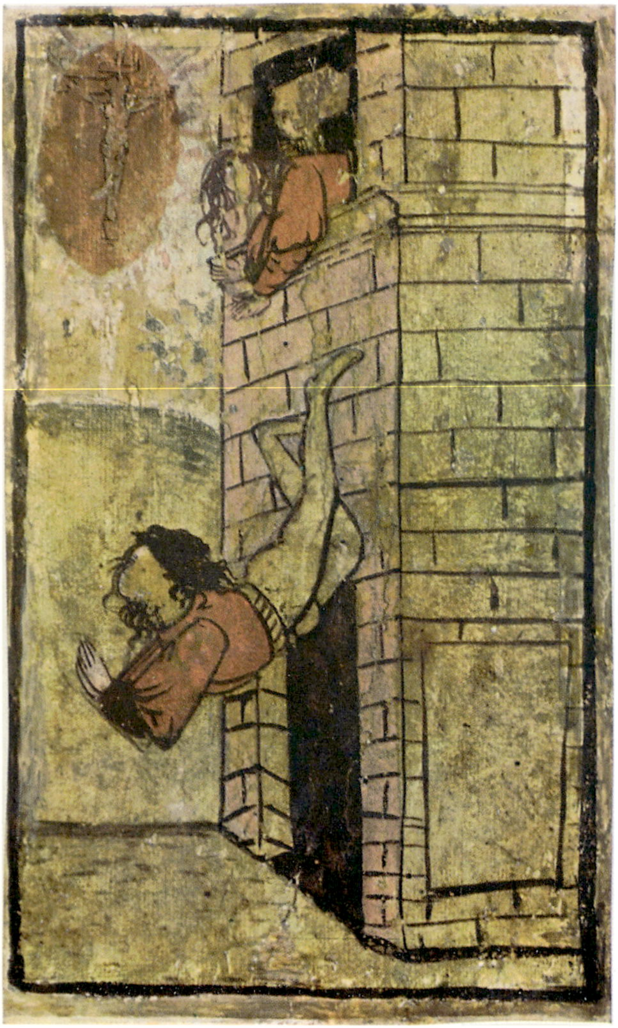

4. *Christ on the Cross saves a young man who has fallen from a window*, Central Italy, 15th century

4. *Cristo crocefisso salva un giovane caduto da una finestra*, Italia centrale, XV secolo

il torace somigliano tanto ai tuoi: lui non ha la barba, giusto qualche peletto da radere via in pochi minuti al mattino, con un sapone che pareva madreperla liquida, come una carezza o un bacio (così dice la pubblicità di certe schiume da barba). È la vista di quel torace che mi toglie il fiato. È il tuo, prima che lo sciupassero cercando di farti tornare in vita. Spalle larghe ben tornite. Sto descrivendo sant'Agostino ma è come se fossi tu. Lo sguardo è basso. Le mani sono giunte. Non ti ho mai visto con le mani giunte. Alla fine te le hanno messe così, anche con un rosario. Tu non c'eri, altrimenti non avresti voluto. Se pregavi lo facevi di nascosto, o comunque in silenzio e in modo non percepibile. Un gran bel naso abbastanza lungo. Braccia forti, pelle bianchissima, liscia. Avambraccio muscoloso. Polsi quasi sottili. Mani grandi, bei polpastrelli, che era un piacere far scivolare la mia mano dentro alla tua. Sant'Agostino ha le punte delle dita giunte appena sotto al mento, come a indicarlo – lui così assorto. Sta aspettando qualcosa. Il battesimo. Le orecchie grandi, come le tue. Sei tu.

Dunque c'eri già stato, qui, in questo mondo. Vorrà dire che potresti anche tornarci? I gomiti divaricati stanno appoggiati a una mensola di marmo variopinto – verde, bianco, marroncino o rossastro. E sotto, fra un fregio dorato e l'altro, sulla lunga striscia bianca si legge: «ADI PRIMO DAPRILE MILLE CCCC LXIII...»; poi non leggo più altro. E sotto ancora un tondo nero, cerchiato di color terracotta, e dentro al tondo lievi scarabocchi ellittici, come pianeti in volo, bianco su nero. E quell'uomo mite, assorto, è circondato da vesti voluminose, quella del frate grigio, della suora rossiccia che guarda in su, del nobil uomo verde, dell'altro frate grigio in primo piano dagli occhi rassegnati, che tiene su un braccio il saio grigio che andrà al santo dopo il battesimo. Il vescovo che battezza ha una stola di broccato sulle spalle. La mitra a punta con pietre incastonate. C'è anche un signore con la barba. Chi sarà? Il vescovo, chino sul tuo capo, tiene in mano una ciotola che pare di madreperla.

Sopra al tuo capo ci sono colonne che reggono la cupola di una chiesa: «Te Deum laudamus, te Dominum confitemur» sta scritto a grandi maiuscole bianche che compaiono e scompaiono dietro alle colonne. Il cielo della cupola è di un blu carta da zucchero. Le vesti del signore in verde e del frate con le tue vesti in mano sono come voluminosi sipari sulla scena di questo battesimo. Benozzo Gozzoli ama molto incorniciare ciò che sta succedendo con elementi architettonici e drappeggi. E anche con corteggi di persone – nove figure in tutto.

Devo pensare a sant'Agostino mentre aspetto e aspetto ancora. Da un anno do acqua al vuoto. È una pianta invisibile questo vuoto, ma vorace. Mi consuma. Ho pensato, penso ancora, di finire. Prima pensavo di finire un libro, ora penso semplicemente di finire. La seconda cosa mi pare più semplice. Basta decidere. Ma qui ora sto bene. Per ora sto bene. Continuo ad aspettare. Domani continuerò.

Cosa voglio fare? Forse scrivere su un foglio al mattino per sapere cosa voglio fare. Mi mancano le tue camicie, la giacca di velluto a coste finissime viola scuro ma anche un po' color del vino come il mare per Omero, e sempre, guardando il mare greco, a volte ci vedevi quel colore, ed eri felice.

Quante domande rimangono in sospeso quando qualcuno improvvisamente sparisce. Non capita, quando si vede una persona spesso, e sempre, di farle tante domande. Si pensa che ci sarà tempo, e poi il presente è troppo divertente, troppo intenso, perché si possa continuamente fare gli storici di sé stessi e di chi ci sta intorno. Così ci sono tantissime cose che non ti ho mai chiesto. Ma cosa sto scrivendo? Se scrivo cose noiose sarebbe meglio non scrivere. Sempre mi domando se devo scrivere. E se devo scrivere, cosa devo scrivere? Come fa questa idea a piantarsi nel cervello? Più o meno è sempre stato ciò che volevo fare.

Tre
Di sant'Agostino Wikipedia dice: "Egli cercò sempre di conciliare l'atteggiamento contemplativo con le esigenze della vita pratica e attiva. Poiché visse spesso drammaticamente il conflitto tra i due estremi, il suo pensiero consistette nel tentativo grandioso di tenere uniti la ragione e il sentimento, lo spirito e la carne, il pensiero pagano e la fede cristiana".

Ed ecco il sillogismo di sant'Agostino:
1. tutto è stato creato da Dio;
2. Dio è sommamente buono;
3. dunque, ogni realtà da Lui creata è buona, e non ne esistono di malvagie.

Non vorrei lasciare questo tavolo. Devo ancora pazientare. Aspettare. Il tempo si sta ormai rimettendo. Comincio a risentirmi bene. A riprendere le forze. Intanto vorrei raccontare qualche storia. Mi piace ascoltare le persone. Voglio solo rimanere qui. In questa biblioteca e questo giardino. Finché posso. E sento che le cose intorno a me si calmano o cominciano a calmarsi. Era bello stare seduti fuori, e anche dentro.

È intervenuto qualche santo, anche se un po' in ritardo.

(fine)

Questo è un ex voto ai santi terreni che ho conosciuto a I Tatti:

Alina Payne

Marta, e Marta, Raphaëlle, Hasan, Stephen, Francesco, Pierre-Bénigne, Mateusz, Federica, Simone, Anna, Javier, Adam, Jacopo, Eleonora, Anne, Tugrul, Federico, Eleonora Di Ci, Daria, Bento, Benjamin, Alice, Tatiana, Andrés, Kelli, Cocò, Lorraine, Cécile, Cecilie, Jérémie, Jessie, Caroline... *e il personale tutto*

“Caught by Uneasiness During a Serenade” Ex-Voto for I Tatti, or the Stories That End Well

Biblioteca Berenson, I Tatti, 25 October, 2024

I picked a book at random from the shelves of the Berenson Library, where I have been spending my days. It was titled *Italian Votive Tablets*. It was not a big book, but a very slim one. It had a handmade quality, like a book meant to be seen by a few people only. The cover was a sheet of cigar-colored manila paper pasted in such a way as to leave only a slim edge of the brown overall cover beneath showing (fig. 5). Set into the top quarter of the cover was a rectangular strip of dark brown paper framed in white, with the title dropped out in white. Curiously enough, no publisher is mentioned on the cover. After the first flyleaf, on which nothing is printed, the first subdued title page is on coated paper. The volume then announces, on a more elaborate and illustrated title page, that it is "Circulated by The American Federation of Arts, October 1964-May 1966" (fig. 6).

And here the story begins: a first ex-voto is reproduced larger than any of those contained in the volume. The image is divided into three sections: a flesh-colored crucified Christ is on the upper left-hand corner; then a man is lying on a brown expanse at the bottom left-hand corner. On the right, two men in elegant bonnets, white tights and pointed shoes, one with his arms spread wide in an expression of dismay, stand by a wall. All but the lower section of the image is framed by a brown line. The figure lying on the ground appears to have no depth—it floats like a cut-out, and the eyes are wide open, though the form is otherwise lifeless.

Finally, I read the caption on the left: "Christ on the Cross heals a boy caught by uneasiness during a serenade. XVth C, oil on panel, 7x10 inches." It is interesting that we are introduced gently to the miraculous nature of the subject of this book. All that Christ had to do here from His cross was to

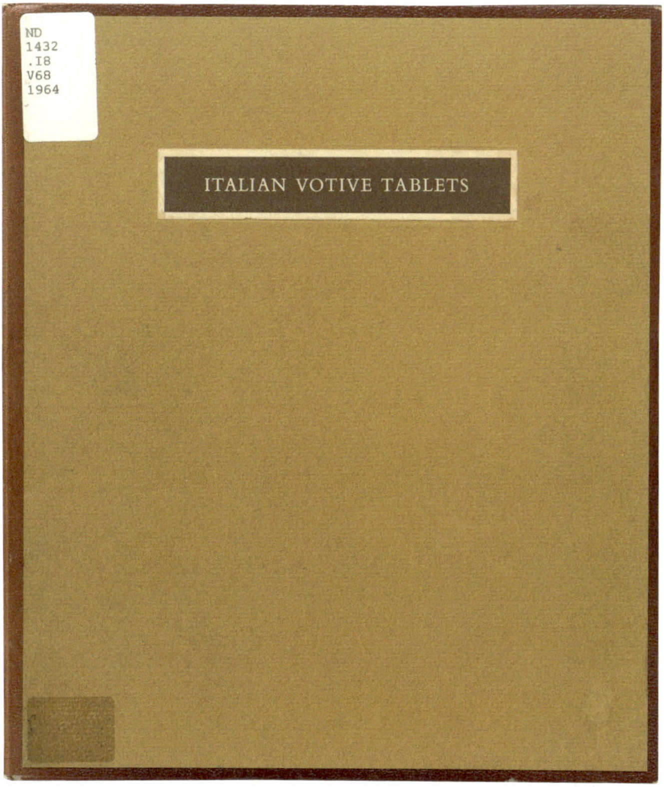

5. Cover *of Italian Votive Tablets*
(New York: The American Federation of Arts, 1964)

5. Copertina di *Italian Votive Tablets*
(New York: The American Federation of Arts, 1964)

revive a boy "caught by uneasiness during a serenade." Had the boy fainted? But he was still conscious, since his eyes were open. But the man standing with his arms spread wide, I then realize, is not, as I believed, "dismayed," but rather singing though another man lies, seemingly lifeless, at his

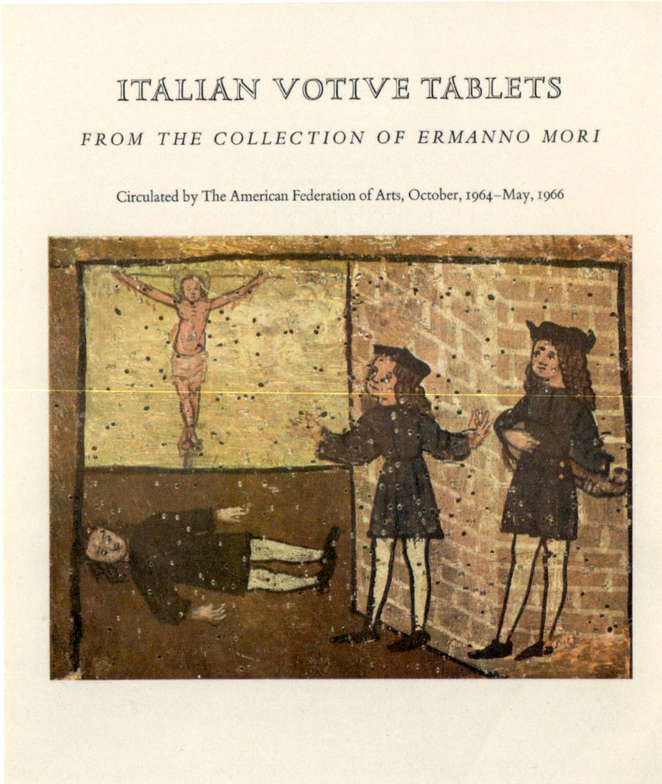
ITALIAN VOTIVE TABLETS

FROM THE COLLECTION OF ERMANNO MORI

Circulated by The American Federation of Arts, October, 1964–May, 1966

6. Title page of *Italian Votive Tablets from the Collection of Ermanno Mori* (exhibition catalogue). The exhibition was circulated by The American Federation of Arts, October, 1964-May, 1966 . The image depicts *Christ on the Cross heals a boy caught by uneasiness during a serenade*, Central Italy, 15th century

---

6. Frontespizio di *Italian Votive Tablets from the Collection of Ermanno Mori* (catalogo della mostra). La mostra organizzata dalla American Federation of Arts, ebbe più sedi espositive tra ottobre 1964 e maggio 1966 . L'immagine rappresenta *Cristo sulla croce che guarisce un ragazzo preso da malore durante una serenata*, Italia centrale, XV secolo

feet. Time in an ex-voto expands to include what happened—two men sang a serenade, a man faints—and what happened next: Christ appears on the cross, the man is presumably revived or there would be no call for an ex-voto, which are painted to thank God, or Christ, or the Virgin Mary, or a saint, for a miraculous deed or intervention.

In the next painting. "St Anthony of Padua cures a hemorrhaging woman." This is a delightful image, despite the unfortunate nature of the episode depicted: St. Anthony, or rather the top half of him only, as from the waist down he is simply not there, is suspended in mid-air at the top left-hand corner of the panel, above the bed of an ailing woman. In a brown habit, he holds a red book in one hand, while the other is poised in a gesture of blessing. His head is tightly wrapped. There are three flitting pink forms around his head—the Holy Ghost perhaps, or several little Holy Ghosts? The ceiling seems divided into what looks like a game of noughts and crosses, only with the crosses missing. At St. Anthony's elbow is a painting of a landscape: a cypress flanked by two small oaks, and below a graphic hilly terrain—four strokes of a brush. The wall on which it hangs is graphically delineated into bricks. And then the image becomes more mysterious: The side of the bed consists of a light panel with horizontal lines of undecipherable handwriting on it. In the foreground, practically at the dead center of the image, kneels a woman in a grey dress—a nun perhaps, her hands joined in prayer, a white cloth neatly shrouding her head. To one side of her are the artlessly depicted folds of the red blanket on the bed. The hemorrhaging woman lies on her side and rests her head on a sausage-shaped pillow. One hand is at her temple. Three orange rivulets proceed from her nostrils and flow in an

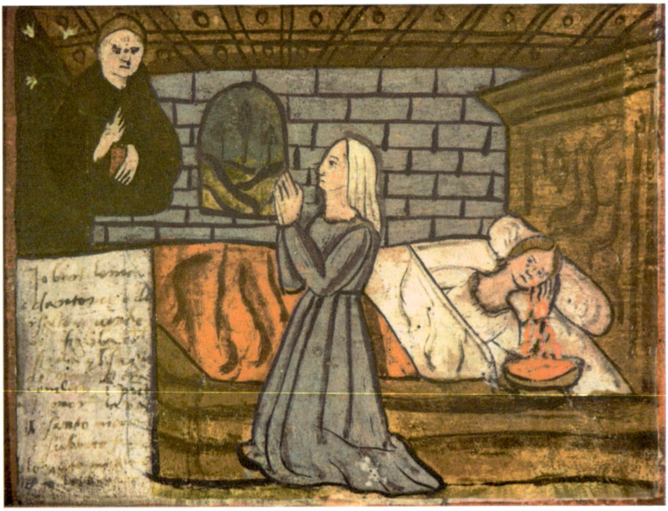

7. *St. Anthony of Padua cures a hemorrhaging woman*,
Central Italy, 15th-16th century

7. *Sant'Antonio da Padova guarisce una donna affetta da emorragia*,
Italia centrale, XV-XVI secolo

arc—like electrical currents—to a basin filled to the brim with a vermilion substance (fig. 7).

Now let me read from the text:

"In the Church of Saint Anthony, Abbot at Civitanova in the Marche region of Italy, before the damages *inflicted by the last war*—that mention of 'the last war' makes one nostalgic for a time when we could still say 'the last war'—many painted wooden tablets were on view which related in picture form many of the miracles performed by the saint." There was the dressmaker Zelinda who crashed into a floor as it collapsed and escaped unharmed; a maid named Felicetta was abducted by a tinsmith named Mario, and fled, we are told, "her virtue intact." A *geometrician* named Lamperti lost *only* two fingers, instead of his whole hand, in a gun accident while hunting. And the farmer Paolo, though he was kicked by his mule, was not in the least injured. This is followed by a discussion of the art historical aspects of the material, but since I am not an art historian, I won't go into it. I'll just quote one line because it's apt: the paintings, the text says, "have a hasty look." *A hasty look.* Well, yes, they do.

That is what one likes about these images. They are early precursors of what in our time has come to be known as "bad painting," like the work of the American artist Neil Jenney.

The next ex-voto shows a young man hurtling down from what looks like a tower. He has, the caption reveals, "fallen from a window," though he looks like a deep-sea diver, if it weren't for his unsuitable outfit: billowy-sleeved tunic, clinging light-colored tights. The feet appear to be in a kicking position, just as if he were propelling himself down into the depths of the ocean. The figure at the window above, who has presumably witnessed the fall, is depicted as in a state of disarray and worry by the schematic nature of the representation: a long face disfigured by wobbly strands of hair screening the sketchiest of features. His figure hangs down from the window, hands clutched in helpless prayer (fig. 4).

To the left, as though drawn on the wall over a brick-colored oval, is the faint outline of a crucifix. Faint though the depiction may be, it does the trick as we read, "Christ on the Cross saves a young man who has fallen from a window."

I find a possible explanation for the faintness of the representation of Christ on the Cross on page 12: "During the First World War, when it became necessary to fulfill requests for votive paintings under more and more pressing and despairing circumstances, artists had recourse to ingenious but disconcerting *abbreviations* [meaning 'shortcuts'] such as cutting out the figure of the Virgin and the saints from small devotional pictures and pasting them onto the tablet's painted heaven, trying to disguise the scissor marks beneath a mess of white lead made to represent the clouds supporting the figure of the Intercessor."[1] Now I understand why the Madonna, or Christ on a crucifix, or whatever saint has intervened, always appear as floating on a garland of clouds.

But next comes perhaps my favorite image: "A Holy Monk aids a devout woman in saving a young man who has fallen into a river." There is a wall on the left. The bricks or stones that compose it are hastily sketched. The outline of two black squares is painted and positioned askew. One part of the wall is painted solid black. A woman in a billowy skirt leans far forward as though arching her anatomy into a bridge. She is clasping the leg of the young man who is now immersed in the river up to his waist. She is attempting to pull him out. His puffy pantaloons make his legs resemble the stalk of an onion proceeding from the bulb. Dominating the scene on the entire upper right-hand corner of the image is a truly thunderous black garland of clouds, within which is perched the "Holy Monk." The monk could well be Chinese, or Japanese—he is wearing a voluminous black habit with a shawl collar, and his hair seems a bouquet of curls deposited on top of his head (fig. 8). This must be one of the pasted "Intercessors" the text in the book refers to.

An even more egregious example of pasted-in deities can be seen in "The Madonna and St Godard cure a paralyzed child" (1711). Here, the garland of clouds resembles large

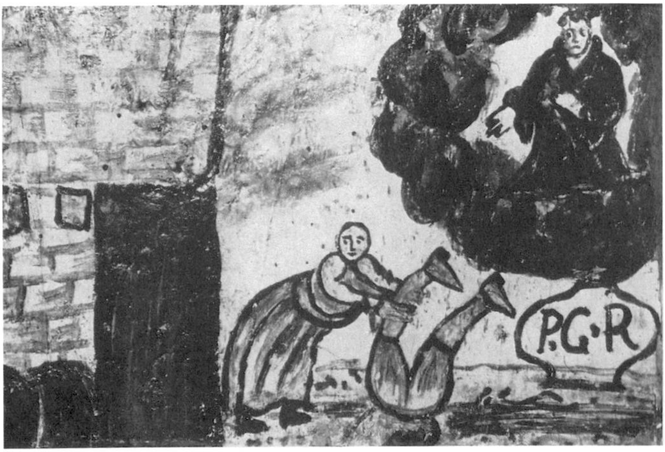

8. *A Holy Monk aids a devout woman in saving a young man who has fallen in a river*, Central Italy, 17th century

8. *Un santo monaco aiuta una donna devota a salvare un giovane caduto in un fiume*, Italia centrale, XVII secolo

round dollops of whipped cream. Within it, Madonna and child float comfortably, and next to them is the figure of St. Godard. The style in which they are painted is very different from the representation of the family below. There is a little house with a tiled roof. Standing in front of it is a figure, probably the father, in an elegant long coat whose head seems far too large for the rest of his body, so that one imagines the feet to be somewhere below ground for the sake of proportions. His hands are joined in prayer. Next to him is a fine lady in a white lace bonnet and collar that spreads out over her shoulders and protrudes from the sleeves of her dress. She is placed diagonally in the picture, like a leaning tower of Pisa, as is the little boy who is dressed just like his father, though in miniature. He is resting one hand on a bench (fig. 3).

Other than the cottony clouds around the "Intercessors," there is no indication that the miraculous might intercede in any of these paintings. What is shown, invariably, is the actual predicament. There is no sense ever that all will be well. The miracle may happen, though it is never shown. But in "The Madonna and St Francis save a devout man who has fallen from a hoist," we have a situation that could only have existed seconds before a miracle. It is clearly not an intercession the family could have prayed for since it was all happening much too fast: a man in a black suit—very properly dressed for a fall from a hoist, which leads one to ask, "Why was a construction worker dressed like a banker, or a scribe?" Or might he perhaps have been dressed for his own funeral? By that I mean, had he in fact died in the accident, and the ex-voto was an appeal that he be restored to life? Six floors are depicted, and six staircases cross the image diagonally. Adding to the graphic liveliness of the whole are a window on each floor, on the left, and a door on the opposite side. In the middle is the tower containing the hoist. The open cage that had contained the man now floating freely in space like an astronaut has been separated from the thick rope holding it in place, suspended at the center of the representation. Up on the left-hand side is the Madonna with a lively Child, one arm energetically raised. She sits on the usual puffy clouds. And on the right, about to come to the aid of the flying man, is St. Francis, preceded by a dark little cloud that makes him look motorized, like a scooter. Three small men in dark suits complete the representation: one seen from the back, raising his arms as though at a salient moment of conducting a Beethoven symphony, another seen from the front, leaning slightly sideways, and wearing a long white shirt, a third bowing slightly, one arm stretched toward the scene of the action, almost like a circus master applauding an acrobatic feat (fig. 9).

But now comes the image painted after a miracle has actually occurred. It is my favorite—the upside-down image: "The Madonna saves a married couple whose cart has been turned over" (1868). The Madonna and Child, enveloped in a voluminous black cloak, are comfortably plopped on the usual perch made of clouds. They wear elegant golden crowns topped by a cross, but their facial features are barely sketched in. Standing near them are a man and his wife—the married couple. He has a face just like someone I knew. In fact, I feel I know them both. Their horse and buggy occupy the bottom of the frame—the cart and the horse are upside down but drawn as though that were a perfectly normal position from which to proceed. The horse's legs are in a gentle cantering pose. The buggy is unharmed. The couple, who presumably are no more, also appear to have survived the accident unharmed. They are properly dressed, he in a big jacket and loose trousers. She in a billowy dress. Her face is drawn with five brisk traits. Her hands are clasped as she looks toward the Madonna and Child. The wheel of the upside-down cart is exactly between them (fig. 2).

Then there is the man who has fallen down the stairs, saved by the Madonna. The Madonna and Child get slightly less than half of the image—framed by a cheerful striped curtain parted as though on either side of a kitchen window. In the other half of the image is the Upside-Down-Man. Nothing about him is either ruffled or out of place. He wears a neat black suit and a white shirt. His right leg is bent, as though in a dancing pose. His arms are raised, his

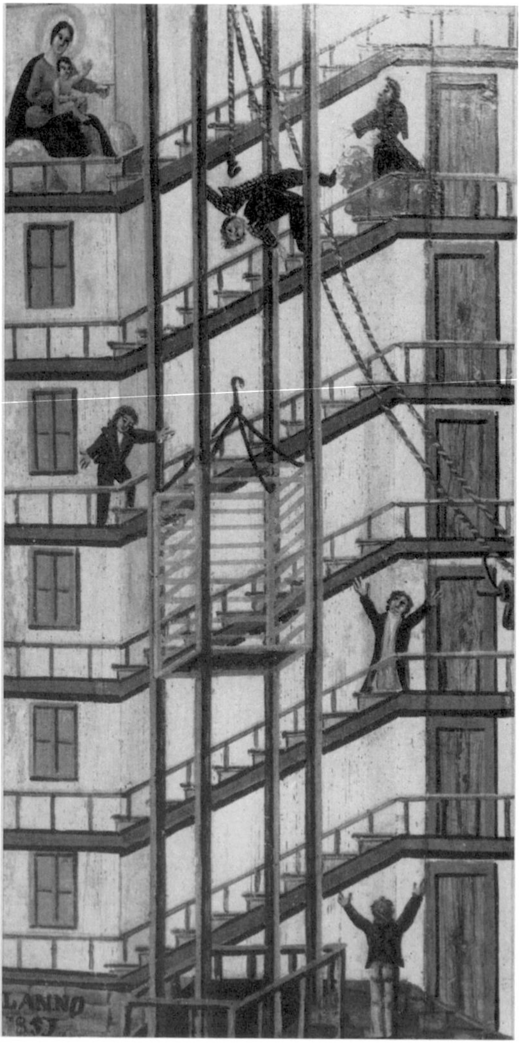

9. *The Madonna and St. Francis save a devout man who has fallen from a hoist,* Northern Italy, 1851

---

9. *La Madonna e san Francesco salvano un devoto caduto da un paranco,* Italia settentrionale, 1851

hair is spiky, and standing on end. That is the one indication that all is not well.

There is a man being attacked by an ox, and other terrible predicaments. But everyone survives. Well, almost everyone. I dedicate this to those who didn't. And those who don't.

"In the strict sense of the term, 'ex-voto,' owing to its prefix, should apply only to manifestations of thanks for favors obtained, and not also to those of requests for acts of Grace."[2] This text is indeed intended, *in keeping with the prefix*, as a manifestation of thanks for a favor obtained—my time here at I Tatti.

1. *Italian Votive Tablets*, (New York: The American Federation of the Arts, 1964), 12.

2. *Italian Votive Tablets*, 12.

Printed in the month of December 2025
on the presses of Sincronia in Printing, Legnano (Milan), Italy
Ex Officina Libraria Jellinek et Gallerani

FSC
www.fsc.org
MISTO
Carta | A sostegno della gestione forestale responsabile
FSC® C051222